Début d'une série de documents
en couleur

Paul BARBIER

ÉTUDES CONTEMPORAINES. — 41

Les Fruits de l'Irréligion

L'IRRÉLIGION

ET

L'IDÉE DE PATRIE

DEUXIÈME ÉDITION

P·L

PARIS

P. LETHIELLEUX, LIBRAIRE-ÉDITEUR

10, RUE CASSETTE, 10

PARIS (VIᵉ)
Librairie de P. LETHIELLEUX, Éditeur
10, rue Cassette, 10

NOUVELLE COLLECTION APOLOGÉTIQUE

EN VOLUMES UNIFORMES DE 128 PAGES ENVIRON IN-12 ECU
DU PRIX DE **0.60**, *franco*, **0.75**

Publiée sous le patronage de **S. G. Mᴳᴿ GIBIER**
ÉVÊQUE DE VERSAILLES

Par Paul BARBIER

ÉTUDES CONTEMPORAINES
1ʳᵉ *Section* : **La Crise de l'Eglise de France.**

EN VENTE :

L'Eglise se meurt
L'Eglise est morte
Par Paul BARBIER

In-12 . . . . **2.00**

Paris. — DEVALOIS. 144 av. du Maine (11 dans le passage).

Fin d'une série de documents
en couleur

LES FRUITS DE L'IRRÉLIGION

L'IRRÉLIGION

ET

L'IDÉE DE PATRIE

L'IRRÉLIGION. — 1

Paul BARBIER

ÉTUDES CONTEMPORAINES. — 47 1

Les Fruits de l'Irréligion

L'IRRÉLIGION

ET

L'IDÉE DE PATRIE

PARIS

P. LETHIELLEUX, LIBRAIRE-ÉDITEUR

10, RUE CASSETTE, 10

F

I

LA RELIGION ET LA PATRIE

L'Irréligion et l'Idée de Patrie

Il est remarquable que la religion tient tout dans la société. Elle est comme le ciment qui lie les unes aux autres les institutions nécessaires à sa vie. Supprimez-la, le bloc puissant se désagrège : la famille se dissout, la propriété perd ses droits, la Patrie elle-même, à la longue, finit par n'être plus qu'un vain mot.

Les hommes de notre âge ont vu cet émiettement des forces sociales. Ils ont vu le divorce passer dans les lois, et cette génération s'acheminer vers l'amour libre ; ils ont vu le socialisme attaquer le capital, malmener les capitalistes, accréditer auprès des foules illusionnées le collectivisme ou le partage des biens ; ils voient aujourd'hui l'idée de patrie ba-

fouée, ridiculisée, menacée, assaillie avec
rage.

C'est que l'idée de Patrie et consé-
quemment l'amour de la Patrie, est fondée sur la Religion. La Religion pour
reprendre la même image que plus haut,
est le ciment qui unit les hommes en nations. « Nos intérêts nous désunissent et
nos passions nous divisent ; les combi-
naisons de la politique n'aboutissent qu'à
des expressions géographiques. L'âme
obscure des races ne suffit pas à faire un
peuple, ni la communauté de langue ;
mais la communauté des croyances est
seule capable de ce miracle ; et ainsi, non
seulement ce qu'il y a de plus précieux,
mais ce qu'il y a de plus sacré pour
l'homme se fonde sur ce qu'il y a de plus
obscur en lui. » (1) Cette réflexion, qui
est de Brunetière, révèle un esprit singulièrement perspicace, puisqu'il est vrai
que le fond de toute chose et de toute

(1) Brunetière, *Le besoin de croire.*

vie se perd dans le mystère et qu'il en est de même de la racine de tous nos sentiments. Mais où il montre sa force, c'est surtout lorsqu'il rattache l'amour de la patrie au sentiment religieux. Il a vu ce que tant d'autres penseurs n'ont pas vu et ce qui échappe à tant de nos contemporains, à savoir que cet amour ne peut naître ni durer sans la religion.

Que l'on envisage l'idée de patrie historiquement, on constate l'exactitude de cette doctrine. On constatera aussi cet autre fait que la Religion, qui contribue à fonder les patries, contribue à les maintenir en vie et en prospérité. La Religion apparaît ainsi comme l'un des biens essentiels des nations ; elle n'est plus seulement, selon l'idée commune et superficielle, une partie de leurs traditions et de leur domaine moral, elle est la partie la plus vitale de leur organisme, quelque chose comme leur âme profonde. D'où il suit qu'un peuple qui perd sa religion, se condamne à perdre la vie.

Il va sans dire que c'est là une loi générale, mais qu'elle s'applique avec plus de rigueur encore dans les pays de foi chrétienne et catholique.

S'il s'agissait de montrer le rôle de la religion de la France, dans la vie et dans l'histoire de la France, on aurait la confirmation magnifique de ces quelques idées générales.

D'abord, de l'aveu de tous les historiens, il est hors de doute que c'est l'Église catholique, par les longs et féconds labeurs de ses moines, de ses évêques et de ses papes, qui a fait et comme fabriqué la nation française. Celle-ci est même la première des nations qu'elle ait formée, et il est juste, en ce sens, qu'on l'appelle « la fille aînée de l'Église. »

Il est encore hors de doute que la Religion catholique a été l'idée qui a rallié nos aïeux pendant la période critique où s'est constituée notre puissante unité, que c'est elle qui a façonné nos mœurs, et qu'à cette heure encore nous vivons sur l'héritage de vertus qu'elle a infusées à notre âme dans le passé.

Il est visible, ensuite, que l'Église catholique est une grande école de patriotisme. Cette vérité, toute l'histoire de France la démontre; les sectes anticatholiques ont pu être et de fait ont été antifrançaises; jamais, à aucun moment, fut-ce aux heures les plus troublées, les catholiques n'ont lutté ni même seulement travaillé contre leur pays.

La fidélité à la patrie a toujours été, enfin, considérée par l'Église comme un devoir religieux. Là-dessus, l'enseignement théologique est unanime, et vous ne trouverez pas un seul antipatriote parmi les théologiens.

Aux siècles lointains « où elle légiférait le plus souverainement sur la conduite des hommes », l'Église « réclamait

d'eux, par la bouche du plus illustre re-
présentant de l'École, une piété spéciale
pour les « parents » et pour la « patrie »,
par le fait desquels et dans le sein de laquelle nous avons vu le jour et trouvé la
nourriture ; elle recommandait un attachement à la patrie qui comprît, comme
suite naturelle, l'attachement à tous les
concitoyens et à tous les amis de la patrie ; et, mettant au service de l'idée
même de la patrie l'incisive raideur de ses
syllogismes, elle énonçait les trois ter-
mes que voici : « La piété requiert que
nous ayons une affection pour notre principe. Or, le principe de la génération,
pour chacun de nous, c'est son père, et
sa patrie. Donc, il faut, qu'à l'endroit de
ces deux êtres, l'homme soit animé d'un
bon vouloir. (1)

---

(1) On trouvera toutes ces citations et beaucoup d'autres non moins curieuses, dans le li-
vre du Dr Wendelin Haidegger, *Der nationale
Gedanke in Lichte der Christanthums,* (Brixen,
1900).

L'Église « se souvenait que le Christ,
législateur de la fraternité des hommes,
avait eu pour Jérusalem, sa propre patrie,
quelques larmes d'élite ; elle se souvenait
que l'apôtre Paul, dont le verbe impé-
rieux et pressant avait achevé de renverser les barrières entre Juifs et Gentils eux-
mêmes, était en même temps — le positi-
visme contemporain lui en fait une
gloire, — un infatigable théoricien du devoir social, et, comme nous dirions aujourd'hui, de la solidarité. Or, cette in-
terdépendance que définit saint Paul en
disant que nous sommes « membres les
uns des autres », est singulièrement plus
étroite, plus impérieuse et plus complexe,
entre les citoyens d'une même patrie
qu'entre les myriades d'individus émiet-
tés que seraient les citoyens du monde ;
et c'est pourquoi l'Église, à titre de gar-
dienne de la morale sociale, s'est toujours piquée de faire entrer la notion de

civisme dans les leçons qu'elle enseigne aux hommes. » (1)

Tel est l'enseignement de l'Église catholique, que des exemples récents sont venus illustrer.

Alors que les États-Unis d'Amérique, moins unis que leur nom ne le dit, formaient à peine encore une nation, le troisième Concile américain ordonnait que, dans les écoles et les séminaires, on enseignât l'amour de la patrie. « Avec un grand soin, disaient les Pères, on enseignera l'histoire tant sacrée que profane, spécialement l'histoire de ce pays, en sorte que s'allume dans le cœur des élèves, cet amour de la Patrie sans lequel il n'y a pas de bons citoyens. » (2)

---

(1) Georges Goyau, *L'Idée de Patrie et l'Humanitarisme.* — Lire, sur le sujet que nous traitons ici, cet ouvrage de M. Goyau et aussi celui d'Alfred Naquet : *L'Humanité et la Patrie.*

(2) Studiose quoque tradenda erit historia tum sacra tum profana, et præsertim historia patria, qua fiat ut in alumnorum animas Patriæ amor

Les Souverains Pontifes, de leur côté, dans toutes leurs lettres, quelles que soient les nations à qui ils les adressent, ne manquent jamais d'exciter les fidèles à aimer leur patrie et à se dévouer pour elle.

Ainsi donc, patriotisme et catholicisme vont ensemble, s'appellent et se commandent l'un l'autre.

Maurice Talmeyr a écrit naguère, sur le sujet qui nous occupe, une page éloquente et forte :

« Quand on analyse le patriotisme, dit le distingué journaliste, on s'aperçoit qu'il ne réside en réalité et d'une façon positive, ni dans l'amour du sol, ni même dans celui de l'histoire et des traditions. Le culte du pays et de son histoire s'identifie assurément avec lui, mais ne le constitue pas absolument, et ce qui

bono civi conveniens foveatur. *Concilii plenarii tertii*, p. 77, *De puerorum seminariis.*

en fait, avant tout, le véritable fond, le
caractère essentiel, c'est une certaine raison qu'ont de s'estimer entre eux les enfants d'une même patrie. Tant que cette
raison existe, le patriotisme existe aussi,
et plus elle est forte, plus les compatrio-
tes ont de motifs de s'intéresser morale-
ment les uns aux autres, plus le patriotisme est fort. En revanche, il ne peut
évidemment que s'affaiblir là où les raisons de s'estimer sont faibles, et disparaît
même complètement là où elles ont elles-
mêmes disparu. L'amour de nos hori-
zons et de nos paysages, de notre histoire et de notre terre, de nos monuments
et de nos légendes fait donc nécessaire-
ment partie du patriotisme, mais n'en est
que le corps et la forme. Il n'en est ni
l'âme ni le principe.

« On voit dès lors facilement par quoi
il peut s'engendrer et se conserver, se
diminuer et se détruire... Une grande
idée commune, fortement et universelle-

ment partagée, une idée concrète et positive, comme celle de revanche et de conquête, d'unité ou d'indépendance, de défense ou d'affranchissement, peut aussi entretenir entre les citoyens une affection réciproque. De même encore la pratique de certaines vertus, privées ou publiques : le respect du foyer, la vie familiale, la pureté des mœurs, le culte des ancêtres, la bravoure à la guerre, le courage et l'intégrité civiques. » Mais le premier principe du patriotisme, c'est encore le principe chrétien. « Le Christianisme, en répandant l'amour de tous les hommes, peut sembler d'abord affaiblir le sentiment de la patrie, mais n'incite, au fond, qu'à une concorde supérieure entre les nations. En fait, et même par définition, il aura été, par l'amour du « prochain », le plus fort ciment patriotique qui ait jamais uni les hommes d'un pays. Il n'a jamais existé, à aucune époque, de patriotisme plus fort que celui de l'an-

cienne France chrétienne, entretenu à la
fois par la fidélité au Christ et la fidélité
au Roi. Tout notre patriotisme actuel
n'est encore, par un vieil atavisme, qu'un
reste de celui-là. Tout le patriotisme Anglais et tout le patriotisme Allemand ne
sont toujours aussi forts que par ce double héritage du lien chrétien et du lien
monarchique ! » (1)

Tout cela est absolument juste, et il
s'ensuit que pour nous, Français, la religion catholique n'est pas seulement
l'âme créatrice et conservatrice de la
France, mais encore la grande et peut-
être l'unique institutrice du patriotisme
au milieu de notre peuple. Exigeant de
tous les hommes la charité, la solidarité,
la soumission raisonnable, le dévouement
nécessaire, elle seule relie les générations
présentes aux générations passées par le
lien du souvenir religieux et d'une équi-

---

(1) Maurice Talmeyr, *Le Gaulois*, 2 juin 1908.

table reconnaissance ; elle seule nous atta-
che au sol et nous le fait aimer passionnément, en nous montrant dans cette
terre de la patrie, la nourricière des vi-
vants et l'ossuaire de tous nos morts ; elle
seule offre aux citoyens le motif national
de maintenir le pacte patriotique ; elle
seule oblige les consciences au respect
du pouvoir légitime, à l'obéissance aux
lois, au sacrifice de l'intérêt individuel
à l'intérêt général. En toute vérité, elle
est le fondement du patriotisme comme
de la patrie elle-même.

Il faut donc s'attendre à voir l'amour
de la patrie, avec tout le cortège de vertus que cet amour engendre, s'affaiblir
dans la mesure où la religion s'affaiblit
elle-même.

Cette loi s'accomplit sous nos yeux :
la déchéance de l'idée de patrie est même
si visible en France à cette heure, que
personne ne peut la nier.

Nous en donnerons les preuves plus

loin. Contentons-nous pour le moment d'une seule citation, — elle résume admirablement notre idée.

« Si les Idéologues contemporains méprisent le sentiment religieux, écrit un philosophe distingué, beaucoup d'entre eux s'attaquent aussi à cette sorte de religion qui est le patriotisme. » (1)

Voilà le fait que nous constatons tous aujourd'hui. Les Français, détachés de leur religion, se détachent de celle-ci dans la mesure où ils se détachent de celle-là ; ceux qui haïssent l'une sont ceux qui haïssent l'autre ; tous les hommes religieux sont patriotes, et tous les antipatriotes sont des hommes irréligieux.

---

(1) Albert Sueur, *Intellectualisme et Catholicisme.* — On connaît le mot de Champfort : « M. de..., qui voyait la source de la dégradation de l'espèce humaine dans l'établissement de la secte nazaréenne et de la féodalité, disait que, pour valoir quelque chose, il fallait se *débaptiser* et se *défranciser* et redevenir Grec et Romain ». Qu'est-ce à dire, sinon que, pour valoir quelque chose, il fallait redevenir païen ?

N'est-ce pas là l'un des spectacles les plus tristement poignants de l'heure présente ?

La France dans sa foi antique a subi des pertes considérables ; des milliers parmi ses enfants ont renié les croyances de leurs pères ou s'en sont désintéressés. Des sectaires stupides et brutaux poursuivent avec des fureurs de bêtes enragées ce travail funeste de déchristianisation.

Qu'arrive-t-il ?

La France déchristianisée est le seul pays du monde qui ait permis que l'on crache impunément sur ses officiers et sur son drapeau ; le seul où la peur de mourir ait engendré le pacifisme, qui n'est qu'une *frousse* déguisée devant la sanglante perspective de la guerre. Simple remarque qui en dit long sur ce qu'il reste d'honneur et de vigueur dans l'âme d'un peuple qui a renié l'Évangile. Et en même temps que les haines sacri-

lèges s'enchevêtrent aux protestations
d'amour universel, le mal progresse dans
les cœurs sourdement.

L'instinct national s'affaiblit de plus en
plus, comme rongé par l'internationalisme d'un côté, et de l'autre par le dé-
goût d'une patrie injuste, qui fait la vie
trop dure à certains de ses enfants. Nos
gouvernants oublient trop qu'il y a quelque vérité dans l'égoïste adage : « *Ubi
bene, ibi Patria* » : il faut que la patrie
donne un peu de bonheur et de sécurité
pour qu'on l'aime. Il y a des persécutés
qui deviennent des Coriolan, et le mot
fameux : « *Ingrate Patrie, tu n'auras pas
mes os* », vient à la pensée d'hommes qui
seraient de bons Français, si la France
leur était plus équitable.

Les coups de mine répétés qui ont
ébranlé les fondements de la religion
nationale ont ébranlé en même temps les
assises de la patrie. On ne voulait attaquer que la première ; la seconde a reçu

des blessures qui ne lui étaient pas desti-
nées, — elle en reçoit encore. Une guerre
d'un genre nouveau est ainsi inaugurée,
une guerre impie, d'une violence où la
brutalité du langage et des actes décèle
une rage qui va jusqu'à la folie frénéti-
que. L'idée de patrie est critiquée, ba-
fouée, rejetée. Ce qui est pis : des Français s'attaquent à la patrie vivante, à la
France elle-même.

Que signifie un tel délire ? Où nous
mène-t-il ? Comment ramener à la raison
les dangereux égarés qu'il possède ? Par-
dessus tout, comment arrêter ce courant
d'idées sacrilèges, étouffer ce germe mor-
bide, écarter cette menace de mort ?

Heureux serions-nous de le dire ; plus
heureux si, alors que toute l'Europe demeure passionnément nationaliste, nous
pouvions contribuer pour notre part à
détruire de dangereuses chimères et à
faire des générations nouvelles, que

guette l'internationalisme, des générations passionnément françaises.

II

CITOYENS DU MONDE

Citoyens du Monde

Il ne faudrait pas croire que « l'Anti-patriotisme » dont nous subissons une crise en France au commencement de ce siècle, soit une crise inouïe dans l'histoire des peuples.

De fait, le conflit entre le cosmopolitisme et la patrie, conflit aujourd'hui si intense et si menaçant, remonte à la plus lointaine antiquité : « Il a son origine dans certaines doctrines des écoles philosophiques de la Grèce. » (1) Chez les Grecs et chez les Romains, la patrie se limite à la cité, Athènes ou Sparte chez les premiers, Rome chez les seconds. Le reste du monde, ils l'appellent « les Barbares » ou « l'humanité ». Citoyens d'Athènes, citoyens de Rome sont gé-

---

(1) Gaston Boissier, *A propos d'un mot latin.*

néralement contents de ce partage qui
les distingue si fièrement du reste des
mortels. Mais ils sont quelques-uns parmi
eux dont le cœur plus large étouffe dans
ces limites resserrées. Ce sont les lettrés,
les philosophes, les penseurs. Les penseurs se sentent à l'étroit entre les murs
de leur ville si puissante et glorieuse soit-
elle ; ils se sentent semblables aux autres hommes et solidaires des autres races : avec Socrate, avec Cicéron, ils se
déclarent « citoyens de l'univers » : et
voilà inauguré l'internationalisme, vieille
idée que l'on croit nouvelle.

Toutefois, l'internationalisme grec et
romain ne fut guère qu'une théorie philosophique, sans influence profonde, —
une idée que caressaient quelques rêveurs du Portique et peut-être quelques
patriciens désœuvrés, mais qui n'entra
jamais dans la dure tête des hommes politiques et du peuple.

Chez nous, en France, ce fut d'abord

la même chose ; puis ce fut tout autre
chose.

Chez nous, comme chez les Grecs
et les Romains, l'internationalisme — ou
le sans-patriotisme, — car l'un arrive à
l'autre, — n'a guère été aussi, au commencement, qu'une toquade d'intellectuels et d'idéologues. Nos Encyclopédis-
tes rêvaient d'une humanité élargie,
n'ayant qu'une même pensée, ne parlant
qu'une même langue, la leur, pour
qu'elle pût s'imprégner tout entière des
beaux principes de la philosophie.

Les hommes de la Révolution, férus
de lectures grecques et romaines, tous
plus ou moins philosophes, ou se croyant
tels, ont été frappés par la grande élo-
quence de cette expression : « citoyens
du monde », et ils ont admis et consacré
le principe de la fraternité des hommes
et des peuples. Mais tout cela était fort
peu sérieux : la théorie était loin d'avoir
pénétré le fond des âmes, car toutes les

fois que la Révolution a rencontré sur
son chemin les peuples frères, elle a tapé
dessus avec une vigueur telle qu'elle leur
a fait mordre la poussière et les a fraternellement assommés !

Nous sommes, de notre temps, allés
plus loin que les grands ancêtres, non
pas tout d'un coup, mais peu à peu et
comme pas à pas, entraînés par les écrivains humanitaires du dernier siècle et
excités aussi, peut-être, par l'engoue-
ment dont nous avons été pris pour les
nations étrangères.

La crise que nous traversons est d'a-
bord imputable aux « intellectuels , dont
ce fut toujours l'aberration de méconnaî-
tre l'idée patriotique et la nécessité sociale de la patrie. Le mot français : « La
patrie, c'est là où l'on est heureux »,
est un mot d' « intellectuel ». Le plus
grand des « intellectuels » allemands
pense exactement comme l'antique épi-
curien : « Si nous trouvons, écrit Gœ-

the, une place au monde, où nous reposer avec nos biens, un champ pour nous nourrir, un toit pour nous couvrir, n'avons-nous pas là une patrie ? » (1) Grave parole, car si la patrie n'est rien de plus que ce que dit Gœthe, elle est partout et elle n'est nulle part, et vraiment ce n'est pas la peine de prendre les armes et de se faire tuer pour la défendre ou la venger.

C'est la conclusion qui a été tirée par une foule d'écrivains français ou étrangers du XIXᵉ siècle.

Auguste Comte, dénonce « le régime militaire » ; Herbert Spencer encourage l'humanité de l'avenir à s'y soustraire, affirmant bien haut que la profession du soldat, étant *improductive*, n'est plus parmi nous, dans nos temps où la lutte s'est transportée sur le terrain de l'industrie et du commerce, qu'une « survi-

---

(1) *Ueber die liebe des Vaterlands.*

vance » et un témoin de l'ancienne bar-
barie.

« La guerre, dit Renan, est essentïelle-
ment une chose d'ancien régime » ; —
« Les longues guerres, dit Fouillée, ont
toujours sur les peuples des effets désas-
treux : l'un des principaux est la dispa-
rition ou la diminution de la partie la
plus valide, de celle qui, en faisant sou-
che, eût le mieux conservé la vigueur
physique et mentale à la race... Les peuples qui tirent l'épée périssent par l'épée ;
ils ne versent le sang des autres qu'en
épuisant le leur... C'est vraiment aux pacifiques que la terre appartient, car les
belliqueux s'éliminent par extermina-
tion mutuelle. » (1)

Belles paroles, très sages et très évan-
géliques, mais que ne peuvent encore
porter, je le crains, les générations présentes.

---

(1) *Dégénérescence.*

Entre temps, les journalistes et les politiciens disaient leur mot. Le bonhomme Chassin, Vacherot, Rogeard, illustre auteur aujourd'hui profondément oublié de *Pauvre France*, Jean Macé qu'on rencontre toujours quand il s'agit de propager une idée funeste au pays, Jules Simon, Louis Blanc, Quinet, Vacquerie, Michelet, Alain, Target, Naquet, de Selves, Yves Guyot, Anatole France, d'autres dont les noms maintenant obscurcis formeraient une liste trop longue, voulaient le désarmement, l'abolition de la politique et de la servitude militaire, l'unité de la démocratie universelle, et la paix sérieuse dans la libre confédération des peuples libres.

Ces hommes soutenaient le programme pacifique élaboré dans les loges franc-maçonniques ; ils le soutinrent jusqu'en 1870, année terrible où le triomphe relatif de leurs idées fit autant et plus de mal à la France que les fautes de Napo-

léon III. Notre effroyable écrasement ne
parvint même pas à leur ouvrir les yeux.

Dans sa *Lettre de Junius*, qui parut en
1870, Alexandre Dumas fils, en pleine
guerre franco-allemande, affirmait que
« notre mission, à nous, c'était de supprimer la guerre, de renverser les gou-
vernements absolus, de fonder la liberté,
de préparer le royaume de Dieu, c'est-
à-dire la fraternité universelle. Il faisait
même appel, sérieusement, à une coalition de toutes les femmes, de toutes celles
« qui ne veulent plus enfanter pour la
mort, qui vont s'entendre entre elles, par-
dessus les ambitions et les politiques des
rois et de leurs ministres, qui vont faire
avec leur cœur ce que les plus grands
hommes n'ont pas pu faire avec leur esprit, et qui vont écraser la tête du ser-
pent », lisez, de la guerre, toujours.

A la propagande de ces chimériques
rêveries s'est unie l'infiltration de rêveries identiques vulgarisées, dans certains

milieux, par la littérature étrangère, que des traductions plus nombreuses et plus exactes commençaient à nous faire mieux connaître. C'est ainsi que les idées du romancier russe, Tolstoï, en se répandant dans les milieux intellectuels, ont contribué pour beaucoup aussi à étendre cette contagion d'imprudente lâcheté. On a épousé son horreur de la guerre et de l'armée. — « Tendre sa poitrine aux coups des autres, — oui; fusiller ses semblables, — jamais! Ce n'est pas une défense, c'est une tuerie! (1) « Jésus a dit : « Prends ta croix et suis-moi, c'est-à-dire supporte avec soumission le sort qui t'est tombé en partage et obéis-moi, à moi qui suis ton Dieu. » Personne ne bouge... Mais que le dernier des hommes galonnés, dont la spécialité est de tuer ses semblables, ait la fantaisie de dire : « Prends, non pas ta croix, mais ton ha-

---

(1) *Le Non-agir.*

vresac et ta carabine, et marche à une
mort certaine, assaisonnée de toutes sor-
tes de souffrances », tout le monde ac-
court. Abandonnant famille, parents,
femmes et enfants, affublés de costumes
grotesques et se plaçant sous les ordres
du premier venu d'un rang plus élevé,
affamés, transis, éreintés par des marches
forcées, ils vont sans savoir où, comme
un troupeau de bœufs, à la boucherie,
mais ce ne sont pas des bœufs, ce sont
des hommes. Ils se demandent pourquoi
ils font cela et, sans recevoir de réponse,
avec le désespoir au cœur, ils marchent,
et meurent de froid, de faim, de maladies
contagieuses, jusqu'au moment où on les
place à la portée des balles et des bou-
lets en leur commandant de tuer de leur
côté des hommes qu'ils ne connaissent
pas. Ils tuent et on les tue... Et il leur
paraît à tous que non seulement cela doit
être ainsi et qu'on ne peut faire autre-
ment, mais encore que c'est admirable et

moral ». (1) Il est évident que la guerre et l'état militaire, considérés avec ce regard simpliste, sont étrangement absurdes. Tolstoï ne voit ni que la guerre est souvent un mal nécessaire et inévitable, ni que les soldats, qui tuent et se font tuer, tuent pour sauver des concitoyens de la ruine, de l'invasion et de la mort, et se font tuer pour un bien supérieur qui s'appelle l'intérêt général. Ce sentiment, inconscient souvent, mais réel au fond, transfigure la guerre et l'armée ; la guerre devient un devoir sacré ; l'armée n'est plus un ramassis de soudards et de brutes, mais l'une des plus nobles institutions humaines, l'instrument du salut par le ministère de la mort ! Ces hautes raisons échappent aux disciples du maître slave, comme au maître lui-même.

« Voyons, s'écrie un héros de roman, en raisonnant, qu'est-ce que la patrie ?

_____

(1) *En quoi consiste ma foi.*

Et y a-t-il vraiment une patrie ? Faut-il
expressément borner son cœur et son esprit aux poteaux des frontières ? Les
étrangers, dont on nous fait des mons-
tres, sont plus aimables, plus instruits,
plus avancés que nous. Considérez leurs
affirmations d'art, leurs productions
scientifiques, leurs évolutions littéraires.
Ils marchent à la tête de la civilisation, et
c'est nous les barbares. » (1)

De fait, beaucoup d'entre nous, semblent enragés d'exotisme, et, comme si la
France ne produisait plus rien, comme
si elle ne comptait plus, toute admiration
s'en va se prosterner au pied des Tolstoï
et des Ibsen, des Hauptmann et des
Wagner, des peintres américains, des
poètes belges, des dramaturges danois,
suédois ou norwégiens, des romanciers
russes ou polonais et des musiciens allemands !

(1) M. Montégut, *Dernier cri.*

Donc, depuis longtemps déjà, il exis-
tait « des intellectuels, des philosophes,
des humanitaires, des internationalistes,
des abolitionnistes intégraux qui pour-
suivaient le métier militaire d'une haine
farouche et meurtrière, réclamaient la
suppression des armées, niaient la patrie,
rasaient les frontières, abolissaient les religions et pronostiquaient la fusion pro-
chaine des nations et des races dans une
humanité fraternelle, sans États, sans limites et sans nom. » Seulement, « ces cas
d'hypertrophie cérébrale étaient isolés,
personnels, le plus souvent inavoués.
Ceux qui en étaient atteints n'osaient en
faire la confidence. » Il y a quelques années, « personne en France n'eût osé
outrager l'armée, et la religion de la Patrie était la seule qui n'eût pas de blas-
phémateurs. » (1)

---

(1) Jules Delafosse, *La reprise de « l'Affaire »*.

Une heure sonna, où le blasphème éclata tout à coup.

Tout le monde sait quelle fameuse et, redoutable aventure réveilla chez nous ces idées qui sommeillaient et se cachaient, et provoqua l'explosion de ces passions dormantes. Un officier israélite, en service dans l'armée française, est accusé de trahison. Jugé par des chefs militaires, il est reconnu coupable, condamné, dégradé, et relégué dans l'Ile-du-Diable. Ses coreligionnaires se solidarisent avec lui. Les Juifs du monde entier crient à l'injustice ; ils mettent à venger leur race leur audace, leur ténacité, l'effroyable puissance de leur or. En même temps, les intellectuels, philosophes, savants, avocats, lettrés de toute espèce, sournoisement jaloux depuis longtemps de la primauté accordée au soldat, entrent en ligne et se ruent à coups de plumes sur les généraux. L'anticléricalisme est né avec le Dreyfusisme. Le Dreyfusisme « fut en quelque sorte le bouillon de culture où tous les virus épars dans l'économie française se reconnurent et s'unirent », et formèrent « cette coalition d'éléments morbides, hétérogènes, en révolte chimique contre nos traditions, nos croyances, nos affinités, nos affections, notre atavisme patriotique et militaire, nos préjugés mêmes, empreintes séculaires de la race et de la nation. » (1)

A vrai dire, Dreyfus ne fut qu'une occasion et un prétexte. Les sectes ont

(1) Jules Delafosse, loc. cit. — L'agitation antipatriotique commence avec le procès Dreyfus (décembre 1894), se poursuit pendant la campagne revisionniste qui s'ouvre à la fin de 1897, par le deuxième procès Dreyfus (septembre 1898), et semble arriver à son paroxysme sous le ministère du général André (29 mai 1900.)— « L'affaire Dreyfus, dit Albert de Mun, apparaîtra, plus tard, à ceux qui voudront en pénétrer le secret, comme l'un de ces coups imprévus par lesquels Dieu permet que, soudain, se prépare et s'annonce le bouleversement des nations ». *La Première étape.*

communié en Dreyfus et voilà tout. Les
socialistes, internationalistes et anarchistes ont saisi l'occasion qui se présentait,
de se livrer à une guerre impie contre une
vieille et sainte idée; n'importe quelle
autre conjoncture eût fait tout aussi bien
leur affaire. Il s'agissait pour eux, avant
tout d'*actualiser* leurs théories.

Et maintenant, en ce débat du XXᵉ siècle, voyez quels progrès a faits la théorie
sacrilège. Voyez avec quelle ardeur on
veut détruire cette patrie française « cons-
truite au prix de mille ans d'héroïsme et
de patience, par la bravoure des uns, par
l'esprit des autres, par la souffrance de
tous. » (1) On n'a pas d'expressions assez dures pour caractériser ceux qui ont
gardé l'amour de la patrie : — ils sont
des « militaristes », des « panachards »,
des « chauvins », des « nationalistes », des
« patriotards », des « galonnards », des

_____

(1) Renan, *Discours à l'Académie.*

« empanachés », des « bandits à livrée
dorée », et plus aimablement encore « les
bouchers du peuple ».

L'homme a surgi enfin en qui s'est
incarnée la folie antipatriotique. Écoutez,
il parle, et voici sortir de ses lèvres la
phrase lapidaire et monumentale : «... il
faut planter le drapeau dans le fumier ! »

Les idées prêchées par les philosophes
et mises à la mode par les littérateurs ont
fini par déterminer deux mouvements : le
pacifisme et l'internationalisme.

Le pacifisme, chacun le sait, est une
doctrine qui déclare la guerre mauvaise,
et un effort qui cherche à la supprimer
par la voie des ententes et des arbitrages.
Chaque année, depuis quinze ou vingt
ans, des hommes de nationalité diverse,
généralement délégués par des assem-
blées parlementaires, se réunissent dans
l'une ou l'autre des grandes villes de
l'Europe, délibèrent, et prennent quelques solennelles décisions, comme s'ils

avaient le droit et le pouvoir de régenter
le monde. Ils invitent les nations à la
paix universelle ; ils proclament la paix,
universelle ; puis ils se séparent, convaincus que leur voix a été entendue de tous
les peuples et qu'à leurs sollicitations, les
peuples assagis ne se battront plus.

Dans les capitales où ils séjournent
quelques jours, ils voient des soldats armés jusqu'aux dents, d'énormes flottes
de combat, un déploiement militaire
inouï, une foule d'engins terribles, des
organismes prodigieux et prodigieuse-
ment redoutables, apprêtés avec amour
pour les futures batailles : (1) ces hom-

---

(1) En 1906, les pacifistes se réunirent à Londres : ils y furent accueillis avec empressement
et royalement fêtés. L'Anglais narquois les con-
duisit à Portsmouth et là, en montrant aux
pacificateurs « les docks, les quais, les bassins,
les ateliers, les magasins, les casernes d'un port
de guerre », s'amusa à leur présenter « l'image
la plus saisissante et la plus grandiose de la
préparation à la guerre. » *Journal d'Alsace-Lor-
raine,* août 1906.

mes, au fond de leurs cœurs sincères et candides, gardent leur chère illusion.

Nous n'aurons pas le courage de les blâmer : ils veulent le bien de la race humaine, et, si leur initiative, moins inféconde peut-être que certains ironistes ne se plaisent à le dire, parvenait à épargner ne fût-ce qu'une seule goutte de sang, il ne serait que juste de les en bénir. (1)

Malheureusement, à côté de ce mouvement, qui n'a d'autre inconvénient que celui de risquer d'être stérile, un autre mouvement se dessine qui risque, lui, de nous exposer aux plus réels, aux plus incommensurables dangers.

Ces aspirations, ces tendances, ce

---

(1) Disons qu'en un point, cependant, leur utopie paraît bien périlleuse : c'est quand, pour provoquer l'avènement de l'idylle universelle, ils supplient l'une des grandes nations de donner l'exemple salutaire du désarmement. On se demande avec angoisse ce qui adviendrait de notre pays s'il se laissait prendre à cette chimère.

scepticisme, ces vues humanitaires, tous
ces mauvais levains ont fermenté dans
des âmes déséquilibrées, quelquefois ob-
tuses et basses, quelquefois généreuses,
toujours privées de bon sens ; la théorie
claire et nette de la suppression des frontières s'est affirmée avec éclat dans la
presse, et le périlleux mouvement qui
menace de perdre notre pays en le livrant
désarmé à l'avide rapacité des peuples
voisins, s'est accentué à ce point qu'on se
demande s'il sera possible désormais
d'en entraver la marche.

C'est l' « Antipatriotisme ».

Tout le monde connaît en France, et
même à l'étranger où il étonne et ravit à
la fois nos ennemis, ce petit professeur
obscur, sans talent d'aucune sorte, mais
avide de bruit et de gloriole, qui porte le
nom désormais odieusement célèbre de
Gustave Hervé. Cet homme s'est décou-
vert une vocation de chef, dans un parti
qui nie toute autorité. Chef des « sans-

patrie », et apôtre de l'antipatriotisme,
il a, par une propagande d'une incroyable audace, recruté et groupé de nom-
breux adeptes. Il en a trouvé parmi les
ouvriers des arsenaux, dans la classe la-
borieuse et miséreuse des grands centres
industriels, surtout dans le milieu spécialement gangrené de nos instituteurs pri-
maires. Ces gens-là professent, avec leur
maître, frénétiquement applaudi à une
réunion de Tivoli-Vaux-Hall par des
milliers de personnes, que le drapeau,
comme nous le rappelions plus haut,
n'est à sa place que « planté sur le fumier », et que, en cas de guerre, « sans
se préoccuper de savoir quel serait l'a-
gresseur », lui et ses amis « répondraient
à l'appel aux armes par la grève des ré-
servistes » et « ensuite par l'insurrec-
tion. »

La campagne sacrilège bat son plein.

La Franc-maçonnerie, toujours en
avant lorsqu'il s'agit de démolir, vote

dans le courant de 1903 la résolution de
faire dans l'enseignement une active propagande « en faveur de la paix contre
le césarisme historique. » On devra, disent les maçons du Grand-Orient, « subs-
tituer aux anciens manuels d'histoire
militariste de nouveaux textes animés
de l'esprit démocratique et humani-
taire. » (1)

Une propagande active contre l'armée
et contre la Patrie elle-même est faite par
des journaux trop connus pour qu'on les
nomme; des anarchistes colportent jusque dans les casernes des brochures où
l'on provoque les soldats à l'indiscipline,
où l'on va jusqu'à les exciter criminelle-
ment à tuer leurs chefs; des forcenés ten-
tent de faire sauter les poudrières; des
conscrits refusent le service militaire sous
prétexte que leurs principes ne leur per-
mettent pas de porter le fusil; des réser-

(1) V. l'étude de M. Paul Nourisson.

vistes chantent la *Carmagnole* et l'*Internationale* aux oreilles de leurs chefs ; des
conscrits lacèrent le drapeau ; on voit
plus de déserteurs qu'on n'en vit jamais ;
des soldats se concertent pour refuser l'o-
béissance. Tout cela au chant du doux
refrain :

> « Les rois nous saoûlent de fumée :
> Paix entre nous, guerre aux tyrans !
> Appliquons la grève aux armées,
> Crosse en l'air et rompons les rangs !
> S'ils s'obstinent, ces cannibales,
> A faire de nous des héros,
> Ils sauront bientôt que nos balles
> Sont pour nos propres généraux !... (1) »

Ainsi, en faisant briller devant les
yeux des foules trompées les mirages de
la paix universelle et de la fraternité humaine, peu à peu, on a émoussé chez
nous les courages, étiolé les volontés,
troublé les esprits, affaibli l'armée.

---

(1) Dernier couplet de l'*Internationale*.

Le socialisme est venu alors qui a ré-
pandu ces idées dans les milieux où il
règne, et les ouvriers ont dit avec Karl
Marx dans son fameux manifeste : « Les
ouvriers n'ont pas de patrie. » Atteints
de l'épidémie internationaliste, beaucoup
profèrent le cri sacrilège de Jules Nostag
en 1871 : « La France est morte ; Vive
l'Humanité ! » (1)

Les théoriciens de l'Anarchie sont naturellement entrés dans ces idées. Liber-
taires et libéraux de ce parti qu'on devrait plutôt appeler une secte, ne veulent
plus d'armée, ne voulant plus de patrie. (2)

Le gouvernement de la République a
lui-même sa grande part de responsabi-
lité dans l'espèce de suicide à demi con-

---

(1) Jules Nostag, *Révolution politique et sociale*, 16 avril 1871.

(2) V. *Psychologie du Militaire professionnel*,
de M. Hamon ; *La Grandeur et la Décadence
de la Guerre*, de M. de Molinari.

sommé dont il est à craindre que notre pays ne vienne à mourir. Il s'est montré d'une invariable et incroyable faiblesse vis-à-vis des hommes qui ont divulgué les théories antimilitaristes et antipatriotiques. Il trouva dans son cœur des tendresses pour un Hervé. Il a laissé longtemps la propagande impie s'exercer parmi le peuple et jusque dans l'armée.

Dès 1889, « la France est devenue un foyer de l'antimilitarisme, des attaques les plus audacieuses contre la discipline et contre l'armée. On y voit ceux qui invoquent la justice s'allier, (dans l'affaire Dreyfus), aux ennemis de toute loi et de toute justice, et les hommes au pouvoir, les socialistes, les anarchistes, travailler fraternellement à la ruine de l'autorité, au mépris des officiers, à la démolition de l'armée. Les André et les Pelletan se sont montrés dans cette entreprise les dignes précurseurs des Yvetot et des Hervé. Le mouvement n'a pas eu de

peine à se répandre dans les classes ou-
vrières ; l'œuvre du « chambardement »
a porté ses fruits. La Confédération générale du Travail s'est fait une spécialité de
propagande antimilitariste et antipatriotique, et l'hervéisme gagne l'enseignement
primaire, grâce au zèle des instituteurs
dévoués à la cause. » (1)

En septembre 1906, un ministre de la
marine qui s'appelait Thomson reçoit une
délégation du syndicat rouge des ouvriers de Brest. Ces braves gens ont pla-
cardé dans la ville une affiche où il est
dit que la Patrie n'est « qu'un mot
creux », que la caserne est « une école
d'esclavage », où l'on promet d'empêcher « les boucheries humaine... » Le ministre doit sévir. Que fait-il ? Il balbutie
quelques remontrances bien paternelles
et finit, — on ne le croira pas, et c'est
pourtant de l'histoire, — en accordant à

(1) Jean Bourdeau, *L'Internationale socialiste*,
R. D. D. M., 15 septembre 1907.

ces révoltés qui insultaient la patrie et
menaçaient de la laisser sans défense, un
jour de congé avec solde entière !...

Nous en sommes là. L'antimilitarisme
multiplie les réfractaires, — la Patrie
s'en tirera comme elle pourra.

Si ces hommes qui veulent anéantir
l'armée et supprimer les frontières pen-
saient avec justesse et s'il était possible
qu'il luise, le jour qu'ils espèrent voir se
lever, où tous les peuples seront frères et
s'embrasseront dans la paix pour jamais
conquise, nous devrions nous ranger à
leur avis et les aider dans leur tâche.
Mais, aux yeux du bon sens et de l'ex-
périence, que valent leurs idées ?

III

IDÉES FOLLES ET DANGEREUSES

Idées folles et Dangereuses

L'idée des sans-patrie est une idée folle
bien que grandiose, et, il semble, tout à
fait irréalisable. Notez que je le regrette,
car l'humanité ne formant qu'une grande
famille, quel rêve ! Seulement, pour que
ce rêve entre dans le domaine des faits,
pour que ce bonheur soit donné au
monde, il faut rassembler tant de pièces,
qu'il sera à jamais impossible de les rassembler toutes.

Il faut, avant toute chose, obtenir le
désarmement général ; c'est le premier
pas. Et comment l'obtenir ? Quel homme
de génie, quel apôtre assez persuasif,
quel congrès, quel tribunal arbitral
parviendra jamais à convaincre, je ne
dis pas un peuple, mais tous les peuples, — car rien n'est fait, tant qu'un
seul peuple reste armé, — que leur

devoir et leur propre intérêt leur commandent de licencier tous leurs soldats, de briser tous leurs fusils, de fon-
dre tous leurs canons, de couler tous
leurs vaisseaux de guerre? L'État le plus
ami de la paix craindra d'être dupe et
restera l'arme au bras, jusqu'à ce que ses
voisins aient désarmé, et ainsi, chaque
peuple attendant l'autre, aucun ne désar-
mera. Mais supposons, si vous voulez,
que tous, lassés du poids énorme que
font peser sur eux les armées permanentes, d'un même geste répudient leurs forces militaires. Chez tous, ce geste sera-
t-il sincère? Plusieurs, prudence ou ambition, ne garderont-ils pas des réserves
cachées, prêts à s'en servir au premier
incident? Par quel gigantesque et impossible enquête s'assurer de la loyale una-
nimité du désarmement universel? Puis,
dans le cas où l'on parviendrait à cette
vaste destruction de tous les engins guer-
riers, arrivera-t-on à la destruction to-

tale de tous les engins homicides ? Et la
guerre au fusil ou au canon ne pourra-
t-elle pas être remplacée par la guerre au
revolver, ou au couteau ? Et enfin serait-
il si difficile, grâce au progrès de l'industrie moderne, de créer en quelques jours
un matériel de guerre ?

Ainsi, de quelque côté qu'on tourne
la question, aucune solution raisonnable
ne se présente qui puisse légitimer les
théories antimilitaristes. De tous les côtés, l'esprit se heurte aux impossibilités
les plus impossibles et aux absurdités les
plus absurdes.

C'est que la suppression des armées
permanentes suppose et postule, comme
on dit aujourd'hui, une autre suppression
irréalisable : la suppression des instincts
humains et des passions humaines. Que
les hommes, tous les hommes, deviennent doux, charitables, empressés au
bonheur du prochain, oublieux des inju-
res ; qu'ils soient patients, tolérants et

justes, rien ne sera plus facile que de
supprimer les armements, car, par l'effet
de cette sublime transformation, la guerre
elle-même n'est plus qu'une chimère
monstrueuse, détruite pour l'éternité.
Nous sommes revenus à l'âge d'or des
poètes païens : nous revoyons le paradis
perdu des prophètes bibliques : la terre
et le ciel se confondent, ou plutôt le ciel
est descendu sur la terre... Oui, mais il
faut d'abord supprimer les passions dans
tout le genre humain; il faut éteindre les
susceptibilités, étouffer les rancunes et
les haines, anéantir l'orgueil, guérir les
hommes et les peuples de leur soif inex-
tinguible de plaisir, de vengeance, d'or
et de sang. Et cela, le pourrez-vous, ô
sans-patrie ? Vous ne le pourrez pas, car
vous n'en avez ni les moyens, ni peut-
être la volonté, car il n'est au pouvoir
de personne de changer si profondément
et si universellement la nature. Nul n'est
maître d'empêcher que des voisins ne se

gênent mutuellement et ne se chamaillent,
que des races ne soient en défiance l'une
de l'autre, que des nations n'aient des
intérêts respectifs et hostiles. Et cette inéluctable fatalité prouve encore que vous
nagez en plein rêve...

Supprimez la guerre par décret, les
peuples la rétabliront par instinct et par
nécessité de vivre. — Soit, répondent-ils ;
mais vous oubliez que nous renversons
les frontières et que tous les peuples, selon nos idées, ne forment qu'un seul
peuple.

Je n'oublie rien, et l'attrayante con-
ception de la « fraternité des peuples »
me paraît tout aussi déraisonnable que
l'idée du désarmement universel. Pour
que se constitue, en effet, cette communauté merveilleuse, immense, unique, et
fraternelle, il est nécessaire que les nations consentent à sacrifier leur autono-
mie. Allez donc demander aux Prussiens,
aux Anglais ou aux Turcs de faire cet

holocauste sur l'autel de la Paix! Allez
donc le demander à la Suisse républi-
caine! Allez donc le demander à tant de
petits peuples orgueilleux de leur sang,
fiers de leur langue, jaloux de leur liberté!...

Les patries sont nées des circonstances,
des nécessités historiques et psychologi-
ques. Ce sont des groupements rationnel-
lement nécessaires. Ces groupements divers, comment les réduire à un seul?
« Point n'est besoin d'être grand philosophe pour reconnaître l'impossibilité de
la formation d'un État unique. La raison en est bien simple. Tous les hommes
ne se ressemblent pas. Tous les pays ne
sont pas davantage identiques. Pour vivre sous un régime commun, des individus doivent être arrivés au même degré
de civilisation. Leurs mœurs, leurs usa-
ges doivent être à peu près semblables.
Or, il y a bien des degrés de civilisation
parmi les peuples. A supposer qu'un

État unique pût un jour se constituer, il se disloquerait le lendemain ». (1)

Donc, l'heure n'a pas sonné de la réalisation du beau songe : ce n'est pas demain que l'humanité verra s'ouvrir « l'ère nouvelle », dans « l'unité du genre humain. » (2)

Nous avons eu, dans ce siècle même, un grand et tragique exemple de la vanité de ces rêves de paix universelle et éternelle. Nicolas II, tsar de Russie, fut à coup sûr de tous les princes le prince le plus ennemi de la guerre. Puissant empereur, maître absolu d'un grand pays, chef d'une armée de quatre cents millions d'hommes, possesseur de forteresses innombrables et de vaisseaux formidablement armés, il pouvait combattre et vaincre ; il préférait consolider la paix

---

(1) *Du Droit des gens et de son utilité sociale*, Louis Rolland.

(2) Alfred Naquet, *L'Humanité et la Patrie*.

du monde. Nous le vîmes avec admiration convoquer tous les peuples civilisés à un congrès solennel où il fut décidé qu'on remplacerait par des arbitrages diplomatiques les coups de sabres, de fusils et de canons sur les champs de bataille. La création de la cour arbitrale fut décidée. Quelques années s'écoulent, et le grand empereur pacifique, traîtreusement attaqué par le Japon, forcé de défendre les intérêts de son peuple, voit à la fois son idéal brisé et ses soldats aux prises avec les barbares jaunes dans la plus terrible des luttes.

Il rêvait — rêve noble et grand !—
Non pas d'être le Conquérant
Payant la gloire au prix des larmes,
Mais le Souverain respecté,
Au saint nom de l'Humanité,
Désarmant les peuples en armes.

Il rêvait — rêve doux et pur ! —
D'une paix, comme un ciel d'azur,
S'étendant sur toute la terre ;
Il rêvait d'un paisible accord,
Méprisant le droit du plus fort,
Et faisant la guerre à la guerre.

Il rêvait... Et voici soudain :
Qu'il lui faut, d'un geste inhumain,
Tirer l'épée hors de sa gaine ;
Voici qu'il doit — ô triste jour ! —
Lui qui voulait semer l'Amour,
Récolter la Mort et la Haine ! (1)

Il est bien à craindre que le même rêve ne soit suivi longtemps du même décevant réveil.

Malgré tout, les rêveurs s'obstinent à rêver.

Un progrès s'annonce, disent-ils, qui va changer du tout au tout les anciennes conditions de l'humanité. Voici ce que nous prédisent certains prophètes très écoutés des générations contemporaines :

— « La paix universelle se réalisera un jour, non parce que les hommes deviendront meilleurs (il n'est pas permis de l'espérer), mais parce qu'un nouvel ordre de choses, une science nouvelle, de nouvelles nécessités économiques leur

---

(1) Jacques Normand, *Rêve d'Empereur*.

imposeront l'état pacifique, comme au-
trefois les conditions mêmes de leur existence les plaçaient et les maintenaient
dans l'état de guerre. » (1)

Entendez qu'il n'y aura plus de conflits entre les peuples, ou qu'ils se rédui-
ront un jour à la simple concurrence industrielle et commerciale.

Parfait. Mais Anatole France, à qui
nous empruntons les lignes qui précè-
dent, serait bien embarrassé de faire la
preuve de ce qu'il avance. Le bonhomme
s'offre à lui-même la fantaisie de prophé-
tiser ; il fait le geste d'ouvrir les portes
d'or de l'avenir : rien de plus charmant,
mais rien de plus vain. Et il n'en demeure pas moins que la *Pacification* universelle et éternelle apparaît toujours à
la raison comme une sottise.

Mais il y a plus.

Le malheur, c'est que cette sottise est
une idée dangereuse, d'autant plus dan-

_____

(1) Anatole France, *Sur la pierre blanche.*

gereuse qu'elle est plus séduisante. Pen-
sez donc, plus de guerres! plus de ces terribles prises de corps entre les peuples,
qui font couler tant de sang innocent et
qui couchent sur le sol tant de jeunes
victimes, fleur des patries et espérance
de leur avenir! Tous les peuples sont
frères! A la paix armée succède la paix
désarmée, que rien ne troublera plus. Les
frontières sont abolies. Les nations se
mêlent. Le fer et l'acier ne servent plus
qu'à l'agriculture et à l'industrie! L'universel amour succède à l'universel désarmement! Quel rêve!

Oui, mais quelle impossibilité! Quel
péril surtout pour le peuple qui s'aban-
donnerait à ces chimères!

Sous couleur d'établir la fraternité
universelle, on porte atteinte au patriotisme; sous couleur de développer la vie
internationale, on porte atteinte à la vie
de la Nation.

Les hommes de notre génération sont

déjà presque des vieillards, et voici qu'il
leur suffit de se rappeler leurs plus lointains souvenirs pour voir où ces alléchan-
tes théories nous mènent. Ceux d'entre
nous qui croient que l'antipatriotisme est
une nouveauté et l'idée du désarmement
une trouvaille du xx⁰ siècle et de
M. Hervé, se trompent lourdement.
Quand nous étions petits, ces idées-là furent à la mode. Il y eût, vers 1867, menée
par les républicains d'alors, une campagne ardente contre l'armée. Le parti qui,
depuis, a triomphé de l'Empire, s'est
élevé contre « le sabre et le « coupe-
chou », a conspué les prétoriens », a
demandé à grands cris le remplacement
de l'armée régulière par « la milice ci-
toyenne », a déclaré, à la face de la nation, que « le militarisme » était « la
plaie de l'époque ! » Ce dernier mot était
de Garnier-Pagès. Et les Pelletan, (l'Ancien,) et les Ernest Picard, et les Magnin,
et les Jules Simon applaudissaient à

cette vision de la France désarmée. Eux aussi, eux déjà, rêvaient la pacifique idylle !

La Franc-maçonnerie, la secte de malheur dont on retrouve l'influence sinistre dans tous les désastres de la religion et de la Patrie, la Franc-maçonnerie soutenait ces idées pacifiques et internationalistes. Jean Macé, d'anticléricale mémoire, et le citoyen Dechevaux-Dumé-nil, les chantaient, en prose et en vers, dans les réunions publiques :

« Un soldat maçon doit voler dans les bras d'un frère qu'il reconnaît dans les rangs ennemis. »

Quand du canon gronde la voix d'alarme,
Quand des fusils la mort rompt les faisceaux,
Notre signal fait abaisser les armes ! »

De tous côtés, des fous répètent : « Plus de frontières ! » Le *Réveil* de Delécluze, le *Courrier français* de Vermorel, prêchent aux soldats la révolte et la désertion.

Trois ans s'écoulent : l'Allemagne se jette sur la France, l'étreint dans ses bras de fer, l'étouffe et l'écrase ! (1)

Retenons la leçon : elle est dure, mais elle est bonne. (2)

---

(1) V. l'ouvrage de Jean Guétary sur le règne de Napoléon III.

(2) C'est le souvenir des guerres passées et la certitude des guerres futures qui maintiennent la patrie, qui maintiennent les patries. C'est la combativité humaine qui fait qu'il y a des patries. Si l'homme n'était pas un animal ambitieux et belliqueux, il n'y aurait pas de patrie à proprement parler. Il y aurait des pays, de petits pays, des *fratries*, bornées à une cité, à une montagne, à une vallée, à une plaine, à un groupe d'humains ayant non seulement la même langue, mais le même accent, ayant les mêmes habitudes de vie, le même caractère et se connaissant à peu près tous. La nation la plus grande, la grande patrie ne se comprend absolument que par la nécessité toujours sentie de lutter contre un voisin ambitieux et naturellement conquérant, et par l'impossibilité pour un petit peuple de lutter contre un grand, et, attaqué par lui, de garder son indépendance.» (1)

(1) Sully-Prudhomme, *Patrie, Armée, Discipline.*

A quoi donc aboutirait, dans l'état actuel du monde, le désarmement et la suppression des frontières ? — A détruire la
défense nationale et à désarmer la France
en face des nations armées jusqu'aux
dents. Antimilitarisme et Internationalisme ne sont donc pas seulement des folies ; ce sont des folies dangereuses et
coupables.

Il faut aller plus loin ; il faut dire que
la prédication libre de ces doctrines anti-
nationales est déjà un malheur. En se
répandant dans le peuple elle énerve ce
vieil *esprit militaire* qui fut si longtemps
une des vertus de notre race et sa plus
puissante sauvegarde. Elle discrédite la
hiérarchie, sans laquelle les armées ne
sont plus que des troupeaux. Elle détruit
cette *obéissance passive* qui, « pour être
librement accordée, suppose un acte de
confiance et un acte de foi par lesquels
chaque militaire, conscient de l'insuffi-
sance de ses propres lumières, délègue à

ses supérieurs, en tout ce qui concerne le service, l'entière direction de sa volonté pour le meilleur succès final de l'action commune ». (1) Des chefs sans prestige sont des chefs sans autorité, et des chefs sans autorité, eussent-ils tout le génie d'un Napoléon, sont des chefs impuissants et vaincus d'avance. La hiérarchie est l'âme des armées : là où elle n'est plus, l'armée n'est plus vivante, et un corps sans vie n'est bon que pour les vautours et les bêtes de proie. — Cette coupable prédication affaiblit l'idée de Patrie elle-même, en faisant croire au peuple que cette idée n'est pas nécessaire, alors que la Patrie est encore une nécessité sociale absolue. Qu'un jour vienne où cette solidarité circonscrite qui nous lie à nos concitoyens sous l'empire des mêmes besoins et des mêmes intérêts soit, grâce à des progrès imprévus, remplacée par une solidarité

(1) E. Faguet, *Le libéralisme.*

plus large et plus humaine, j'en doute
grandement et j'ai dit pourquoi, cela cependant n'est pas idéalement impossible.
En attendant, dans l'état présent des sociétés, les patries subsistent encore partout sur le globe, dont elles occupent cha-
cune une tranche qu'elles gardent jalou-
sement. Renoncer à sa patrie, c'est entrer
forcément dans une autre ; c'est changer
de patrie et non pas supprimer la patrie :
action tellement insensée qu'on n'en sau-
rait mesurer l'aberration. Or c'est à cette
action-là que les internationalistes et les
sans-patrie poussent leurs adeptes.

Et ce n'est pas tout encore. En com-
battant l'idée de patrie, on oublie que
l'on détruit en même temps toutes les vertus dont le patriotisme est la source et
que, par conséquent, on affaiblit les ca-
ractères et que l'on diminue les âmes.

D'abord, on exagère le culte du « moi »
installé dans un superbe et illusoire isole-
ment, et l'on anéantit cette solidarité na-

tionale qui, en somme, est la seule réalisable. Aimer l'humanité, se dévouer pour l'humanité, c'est parfait, mais un tel amour et un tel dévouement se diluent et s'évaporent à force de s'étendre. Aimer son pays et se dévouer pour lui est plus aisé, parce que plus naturel. Nous sentons que nous sommes les héritiers de longues générations antérieures de qui nous tenons notre âme, le génie qui nous différencie des autres peuples, les qualités et les défauts qui font que nous sommes *nous* et non un peuple étranger. Ce sentiment stimule notre énergie, l'exalte et en même temps la dirige, et sans effort la provoque à se déployer tout entière dans le sens du bien général du Pays. Croyez que celui à qui ce sentiment est étranger manquera d'un certain ressort jusque dans l'accomplissement des besognes quotidiennes.

On tue ensuite, et par là même, l'une des plus belles choses qui existe au monde dans l'homme, l'idée de ce devoir civique qui courbe un citoyen sous l'obéissance nécessaire aux lois et aux chefs, et qui le pousse, en certains cas, jusqu'à l'héroïque oubli de soi et jusqu'au sacrifice de la vie. La patrie est une personne vivante qu'on aime avec toutes ses puissances, dont le nom séduit l'imagination, fait vibrer la sensibilité, soulève l'enthousiasme. Son culte, à la fois mystique et réel, prend l'homme tout entier et, comme la religion, l'arrache à son égoïsme et l'élève au-dessus de lui-même. (1)

---

(1) « Je ne crois pas que le sentiment de l'humanité vienne jamais à bout de tuer la guerre. Oserai-je dire que je ne le désire pas ? Je crois qu'il est bon qu'un peuple, petit ou grand, conserve toujours le sentiment qu'il y a beaucoup de choses qui valent le sacrifice de la vie. Le jour où le culte de la vie l'emporterait chez lui, serait à mes yeux le premier de sa décadence. » Cte d'Haussonville, *Le Gaulois*, 26 mai 1904.

D'où une double conclusion. En premier lieu, comme l'a écrit Edgard Quinet : « Si la France se fait cosmopolite, elle deviendra inévitablement la dupe des autres peuples » ; en second lieu, si elle se fait cosmopolite, elle perdra le meilleur de ses vertus et de son âme elle-même.

Heureusement, le tempérament français résiste à ces suggestions. Il comprend que « le partage de l'espèce humaine en peuples distincts, aux intérêts distincts, est un fait présentement irréductible symbolisé par l'idée de patrie » ; il comprend que « cette idée, avec les sentiments qui l'accompagnent, domine la conduite de tous les peuples dans leurs mutuelles relations », et qu'il s'ensuit donc « que les armées, sauvegarde des intérêts respectifs des diverses patries, sauvegarde de leur existence même, doivent être maintenues et fortifiées proportionnellement aux exi-

gences de la défense nationale. » (1)
Et non seulement il comprend cela, mais
il comprend encore que les philosophes
qui prétendent qu'il faut négliger les armes, pour lutter uniquement sur le terrain économique, se trompent, que le
commerce et l'industrie ne peuvent pros-
pérer que dans la paix, par conséquent
sous l'abri des armes, *Si vis pacem, para
bellum ;* et qu'enfin le négoce n'a jamais
eu de plus puissant soutien que la paix
armée. (2)

On a remarqué, en effet, que le plus

---

(1) Sully-Prudhomme, loc. cit.

(2) Les pacifistes et les internationalistes insi-
nuent encore une autre idée fausse, à savoir
que les soldats n'existent que pour défendre les
riches. « Or, les riches sont ceux qui ont le
moins besoin des soldats, parce que leurs ressources peuvent supporter les plus longues et
les plus dures épreuves. » Les paysans, au contraire, les ouvriers et les petits commerçants, et
tous ceux qui travaillent pour vivre, ont besoin
que les soldats leur garantissent et assurent la
paix, sans laquelle il n'y a pour eux, ni travail,
ni commerce, ni vie possibles.

haut point de prospérité commerciale et
industrielle coïncide toujours avec le plus
haut point de force politique et militaire.
Notre histoire confirme cette remarque,
car jamais la France ne fut plus prospère
que lorsqu'elle fut redoutée et redoutable :
par exemple de 1660 à 1680, c'est-à-dire
des Pyrénées à Nimègue, de 1800 à 1810,
c'est-à-dire d'Amiens à Tilsitt, ou enfin
de 1855 à 1870, c'est-à-dire de Sébastopol
à Sedan où notre puissance militaire fut
brisée.

En 1870, Bismarck disait aux repré-
sentants de la Suisse : « On respectera
vos frontières, si vous savez les défendre... Votre devoir n'est rien, si vous ne
le soutenez par la force ».

Le bon sens a parlé par la bouche du
Chancelier de fer.

Donc, tout en approuvant qu'on fasse
la guerre à la guerre, qu'on l'évite par
tous les moyens honorables, qu'on la
rende, non seulement moins meurtrière,

mais plus rare, il m'est impossible de
croire qu'on arrivera jamais à la supprimer totalement. Luttes d'intérêts et d'ambitions, luttes de religions, luttes de races, luttes de civilisations, c'est l'histoire
du passé. Avant que disparaissent les
conflits sanglants, il faut que les intérêts
soient morts et que l'ambition soit morte ;
que les religions aient disparu ou se
soient fondues en une seule, que les races,
qui subsistent toujours, quoique on l'ait
nié, soient abolies ; et que les diverses
civilisations, égalisées, unifiées, aient
laissé la place à une civilisation unique et
universelle. L'humanité arrivera-t-elle à
ce nivellement prodigieux, contre lequel
semble protester la nature, dont la beauté
et la vie même résultent du choc éternel
des oppositions et des contrastes ? Je ne
sais. Toujours est-il que nous sommes
encore loin de cet idéal, de ce trop idéal
état de choses. En attendant, prêcher
l'internationalisme et le désarmement,

c'est vouloir détruire l'idée de patrie encore nécessaire et travailler à faire de son
pays la dupe lamentable des nations, qui
gardent en elles-mêmes une foi vivace,
qui veulent rester ce qu'elles sont, et dont
le rêve secret est peut-être de s'agrandir
encore. « Nul peuple, soucieux de sa con-
servation et de son indépendance, ne peut
raisonnablement amoindrir ses forces militaires, ni même risquer de les amoindrir, à moins que les autres n'en fassent
autant. Pour quiconque est renseigné à
cet égard sur les dispositions de la plu-
part d'entre eux, cette simple remarque
suffirait à condamner chez l'un d'eux
toute réforme individuelle de ses lois militaires, dans un sens compromettant
pour sa sécurité au milieu des autres. » (1)

(1) Sully-Prudhomme, *Patrie, Armée, Discipline.*

IV

POUR CONCLURE

Pour Conclure

En résumé, l'Internationalisme — désarmement, fraternité des peuples, république universelle, — est une théorie chimérique, imprudente et coupable. Prise au sérieux par la France, elle exposerait ce grand pays à la dernière des catastrophes : la mort par la conquête et le démembrement. Une armée nous est nécessaire, si cher qu'elle nous coûte, pour défendre notre territoire et notre liberté, pour nous permettre de vivre et de travailler avec sécurité. Croire à la fraternité des peuples, c'est croire à un désarmement plus difficile encore que l'autre : le désarmement des instincts et des passions, chose possible dans l'individu à la rigueur, à jamais impossible dans la masse toujours en fermentation du genre humain. Et une république universelle,

qui suppose l'oubli de toutes les traditions et la fusion de toutes les races, si
elle pouvait s'établir et se maintenir,
équivaudrait à l'universelle tyrannie.

Combattons de toutes nos forces les
apôtres et les adeptes insensés de ces fol-
les et coupables doctrines. Quand on les
entend parler, quand on les voit agir, on
est obligé de reconnaître que, sous des
apparences d'humanitarisme et de fraternité, ces hommes poursuivent un autre
rêve moins pastoral. Ils sont inspirés et
poussés par « deux sentiments mauvais
qui rongent notre démocratie : l'envie et
la haine des disciplines morales qui bri-
dent l'égoïsme et imposent le sacrifice. » (1) Dans toutes les destructions ac-
complies ou en voie de s'accomplir par
les sectaires contemporains, quel que soit
le nom ou le masque qu'ils prennent,
nous retrouvons toujours les mêmes mo-

---

(1) Paul Bureau, *La Crise morale.*

biles. On rejette la discipline de l'armée et la rude obligation de servir la patrie, pour les mêmes raisons qu'on a rejeté la discipline par trop gênante du mariage indissoluble et fécond. (1) Éclairons le peuple qu'on abuse ; montrons-lui ces mobiles intéressés et bas : apprenons-lui à se défier des meneurs en qui son bon sens devrait lui faire voir de véritables traîtres ; surveillons l'instituteur ou le sous-maître imbécile qui infuse à nos enfants les infâmes inepties du sans-patriotisme ; par-dessus tout, qu'on laisse la Religion libre d'agir sur les âmes. Ses préceptes de justice et de fraternité véritables sont les remèdes à cette maladie, et elle-même est l'unique guérisseuse.

Qu'on ne combatte plus la religion, qui est la seule école qui apprenne à mourir. Les générations que vous êtes en train de former, nourries de vos doctrines

(1) Ibid.

prétendues rationnelles, seront difficile-
ment héroïques. Pour renoncer à la vie,
au soleil, aux bonheurs et même aux
malheurs de la terre, il faut au peuple
plus que des mots, — des certitudes qui
l'encouragènt, le soutiennent et le conso-
lent, qui lui donnent la force de tout bra-
ver pour l'honneur et le salut du Pays.
La foi ne fut-elle qu'un rêve, que ce serait un crime de lèse-patrie de l'enle-
ver à ceux qui ont le devoir de nous défendre tous. Chaque coup que vous por-
tez à la religion équivaut à la perte d'une
bataille !

N'est-ce pas un fait historique que, chez
tous les peuples, l'amour de la patrie fut
toujours fait de deux amours : de l'amour
du foyer et de l'amour de l'autel ? Les
hommes de tous les temps ne se sont
jamais battus que pour la sauvegarde de
leur patrimoine moral et matériel, autre-
ment dit, pour leurs dieux et pour les
biens nécessaires à leur existence : *Pro*

aris et focis. Ces deux intérêts, d'ailleurs, se lient étroitement, et la Patrie, en somme, n'est pas faite d'autre chose. Or, fût-on Français du XXᵉ siècle, on n'échappe pas aux lois primordiales de l'histoire : une nation qui n'aurait pas d'autel n'aurait plus qu'une moitié de Patrie, et disons tout : le jour où les intérêts matériels pencheraient vers l'aliénation de la nationalité, elle n'aurait plus de Patrie du tout. Et voilà la raison profonde pour laquelle la Religion, quoi qu'on en pense et quoi que fassent des Français imprudents jusqu'au crime, est d'une nécessité absolue au maintien chez nous de l'Idée de patrie.

Cette raison, les sages la voient, et ils en voient encore une autre : ils voient que, privé des motifs dont l'appuie la Religion, l'amour de la patrie n'a plus aucun fondement.

L'amour de la patrie, en effet, n'est pas seulement un sentiment, — les sentiments

sont libres ; nul ne peut les imposer au
cœur : on les a, ou on ne les a pas, ---
c'est avant tout un devoir très lourd, qui
emporte avec lui toute une série de ru-
des sacrifices.

Quels devoirs ?

Celui de l'impôt pécuniaire : tout citoyen est obligé de participer aux frais
de la communauté nationale : aux frais
de la justice, aux frais de l'armée, aux
frais de la police, aux frais du culte lui-
même.

Quels devoirs ?

Celui que j'appellerai le devoir de la
multiplication humaine. Sauf une élite
qui peut mieux servir la patrie en n'ayant
d'autre famille qu'elle-même, la masse
des citoyens est obligée en conscience de
donner à la Patrie les ressources en hommes qui sont nécessaires à sa prospérité
et à sa défense.

Quels devoirs ?

Celui de se dévouer au bien commun

et de souffrir et de mourir, s'il le faut,
pour le salut de tous. L'ennemi a fran-
chi la frontière. Ses éclaireurs, droits sur
leurs chevaux et la lance au poing, appa-
raissent sur nos collines. Des armées sui-
vent, hérissées de fusils et de baïon-
nettes, traînant des canons, traînant des
caissons remplis de balles et d'obus. Le-
vez-vous, soldats de Jeanne d'Arc, soldats de la Révolution, soldats de Napoléon, soldats de 1870, soldats de la
France, et du mur vivant de vos poitri-
nes vaillantes arrêtez l'envahisseur! Et
voici que la bataille s'est déchaînée : les
fusillades ont crépité; les canons ont
tonné ; les escadrons se sont heurtés ; les
régiments se sont étreints dans la fumée,
dans la boue et dans le sang! Jour de
malheur et d'horreur : les soldats de la
France sont tombés par milliers ; ils sont
morts ; — mais ils ont fait leur devoir!...

Voilà les devoirs que commande
l'amour de la Patrie : tous ces devoirs

sont des sacrifices, et le dernier est le
sacrifice suprême.

Or, qui dit *devoir* dit obligation im-
posée à la conscience, et, si vous pous-
sez cette notion jusqu'au bout, vous ver-
rez que Dieu seul a le droit d'exiger de
tels sacrifices. En particulier, le sacrifice
de la vie ne peut être exigé que par l'auteur de la vie. Chassez Dieu et la Religion, et le devoir n'existe plus. Je ne dis
pas que les hommes religieux sont seuls
patriotes : il y a des athées qui sont patriotes. Mais je dis que leur patriotisme
n'existe qu'en vertu de l'habitude, des
traditions ou des préjugés, et qu'il a
perdu son fondement rationnel.

Dans un pays religieux, jamais il n'y
aura de sans-patrie ; dans un pays irréligieux, tout le monde le deviendra !

L'amour de la Patrie et l'esprit de sacrifice ne nous empêcheront nullement
d'être justes, et de rechercher la paix et
le bonheur des peuples et du monde.

L'Église a toujours condamné la guerre, non la guerre défensive qui n'est que l'exercice du droit de légitime défense, mais la guerre agressive, inique et conquérante. Cette guerre-là, c'est le péché mortel des nations. Les aspirations modernes, en cette matière, et en tant qu'elles sont raisonnables, ont leur source dans l'Évangile et dans les pures traditions chrétiennes.

Pour être chrétiens, nous n'en serons donc que plus braves, mais nous n'en serons pas moins équitables et pacifiques.

Nous réduirons à l'inévitable l'inéluctable guerre. De tous temps elle fut barbare : elle l'est moins, mais elle l'est toujours, sauvage par nature, allumeuse d'incendies, et verseuse de sang ! Élargissons nos cœurs ; apaisons nos préventions et nos colères ; soyons sans rudesse, sans hauteur, sans haine, sans mépris pour les autres peuples. Souvenons-nous enfin que tous, tant que nous sommes, nous appartenons à la même humanité. Nous ne voyons aucun mal,— au contraire, certes, — à ce que sur les anciens antagonismes nationaux prévale enfin un autre idéal de civilisation.

Nous ne voyons aucun mal non plus à ce que les peuples civilisés travaillent à amortir les chocs, à entraver la poussée des haines impies, à détruire la rage des destructions, à rendre les effusions de sang si difficiles qu'il n'y ait plus de saignées meurtrières entre les nations armées, c'est leur devoir dès là qu'ils sont des peuples civilisés. Mais s'ils comptent que leurs plants d'oliviers prendront à la fois dans le sol de tous les continents, ils sont naïfs, et leur rêve les expose à un terrible et tragique réveil. Disons-nous bien qu'il existera toujours des antagonismes de domination et d'intérêts, sinon toujours des antagonismes de race. Et encore, l'antagonisme des races n'a pas disparu. Nous assistons à l'inattendu sursaut des races jaunes, qu'on croyait, à les voir endormies depuis de si longs siècles, mortes de léthargie, à jamais incapables de mouvement. L'Asie se lève, et vient vers nous avec ses cuirassés et ses canons. Des événements s'engagent dont nous ne voyons que le commencement. Qu'on désarme, ce sera la fin : la fin de la patrie française, la fin de toutes les patries européennes, car l'ambition jaune a regardé le monde, et le monde ne lui a paru ni si grand, ni si fort qu'elle ne puisse en triompher.

Il n'est même plus nécessaire de porter si loin nos regards. Tournez les yeux du côté des Balkans.

« Vous n'avez pas mis le pied en cet Orient de l'Europe, écrit un voyageur qui est en même temps un sagace et profond observateur, que vous êtes enveloppé d'une immense bruissement de nationalités qui s'éveillent ou se réveillent. A ce moment même où, chez les ancien-

nes nations, l'idée de Patrie a besoin de
trouver des défenseurs, où des snobs et
des égarés fredonnent l'*Internationale*,
où des rhéteurs vieillis dans l'emphase
font le geste d'abaisser les frontières,
voici des frontières qui s'élèvent, des
tranchées qui se creusent, des agglomé-
rations qui s'organisent, des rivalités nationales qui se hérissent et se fortifient.
Des peuples dispersés et presque oubliés
ramassent leurs membres épars et se re-
plient sur eux-mêmes. Chacun d'eux
s'évertue à reconquérir sa personnalité
morale. Les Tchèques, les Croates, les
Serbes comme les Bulgares, les Rou-
mains comme les Hongrois, s'agitent
dans un frémissement d'orgueil. Et cette
science, dont on nous a dit qu'elle pré-
parait je ne sais quel avènement de je
ne sais quel humanitarisme, c'est à sa
lumière qu'ils exhument leurs traditions
et fouillent dans leurs antiquités. C'est
elle qui de leurs chroniques fait un champ

de bataille où leurs savants se disputent des ancêtres et des héros... Jamais tant de nationalités ne sont sorties plus fraîches de leur léthargie. Jamais le sens de la patrie, idéale ou réelle, n'a été plus conscient et plus affiné. » (1)

. Devant de telles perspectives, à la veille de conflagrations dont nul ne peut mesurer l'étendue ni la durée, il faut que la France ferme l'oreille à la voix des d'Estournelles, des Jaurès, des de Pressensé, des Hervé surtout, de tous les utopistes qui s'imaginent qu'ils arriveront à vaincre cette nature où tout est lutte et mort, à faire de l'humanité « une berquinade immense, où les passions, les haines et les jalousies s'éteindront dans le bien-être universel. »

Écoutons le froid penseur que fut le poète Sully-Prudhomme :

(1) André Bellessort, *A travers la Roumanie*. R. D. D. M., 15 fév. 1905.

« Grâce à l'avancement des sciences,
écrit-il, dont l'industrie ne cesse d'utili-
ser les découvertes, l'humanité prend pos-
session de sa planète avec une puissance
croissante et s'y installe de jour en jour
avec plus de confort et de luxe ; les besoins en même temps se multiplient et se
compliquent. Pour les satisfaire, un ré-
seau de communications innombrables et
promptes entre tous les peuples procure
à chacun d'eux les matières premières
dont il manque, et ouvre à ses produits
des débouchés. Mais la subsistance et la
prospérité sont mises, par là, pour chacun à la merci des autres. L'avantage
qu'ils trouvent respectivement à étendre
leur territoire, à s'annexer des colonies
pour s'assurer des ressources, les pousse
à les conquérir par les armes. Il s'ensuit
que leur concurrence effrénée multiplie
les cas de guerre entre eux, à mesure
qu'ils se créent plus d'appétits et plus de
moyens de les assouvir ; en outre, la fa-

cilité des transports les expose autant
qu'elle les invite aux invasions. » (1) Il
· est très juste de remarquer et de dire que
le désir de jouir amollit la vie, adoucit
les mœurs, brise l'ardeur de l'esprit belliqueux. Nous voyons, en effet, aujour-
d'hui, tous les peuples du globe chercher
la paix, adorer la paix. L'âme moderne
répugne aux tâches sanglantes. Mais les
causes de conflits subsistent, plus nombreuses et plus pressantes qu'elles ne le
furent en aucun temps, et là guerre qu'on
veut éviter demeure inévitable.

Donc, restons patriotes.

« Dans l'état actuel du monde, des
conflits entre peuples et même entre races sont toujours à redouter, et il est non
seulement imprudent mais criminel d'en-
seigner le mépris des vertus militaires. Il
faut avoir la force pour faire respecter le
droit.

---

(1) Sully-Prudhomme, *Patrie*, *Armée*, *Disci-*
pline.

« Les contempteurs de l'idée de patrie
sont donc aussi dangereux que les chauvins : ceux-ci nous jetteraient dans les
aventures, ceux-là nous laisseraient dé-
sarmés devant le danger. Notre patriotisme doit être clairvoyant, sans hosti-
lité ni fanfaronnade. L'étranger n'est pas
l'ennemi, mais il peut le devenir. Il faut
donc que les éducateurs élèvent les jeunes gens dans le culte de la patrie, qu'ils
leur apprennent à aimer la paix sans
craindre la guerre.

« Une nation forte, éprise de justice
et de droit, a un grand rôle à jouer dans
le monde. La France a été quelquefois,
elle doit être cette nation. Elle ne le sera
que si elle se défie également des chimères et des aventures, pour s'attacher
fortement à son idéal. Si l'idéal de la
France est de répandre dans le monde les
idées de justice et de liberté, il est nécessaire qu'elle soit non seulement aimée,
mais respectée. Travaillons donc à resser-

rer davantage le lien de l'unité nationale, tout en ouvrant notre patriotisme à des sentiments humains et généreux. » (1)

Nous terminerons cette Étude par ces pages si calmes et si sages ; non pas, toutefois, sans y ajouter un mot, que voici :

... C'est le dépérissement de l'idée religieuse qui a amené chez nous le dépérissement de l'idée de patrie. Puisque les deux idées sont solidaires, puisque la première commande la seconde, reconnaissons donc, qu'elles sont également nécessaires, et efforçons-nous de les défendre toutes deux avec une égale ardeur.

(1) Albert Sueur, *Intellectualisme et Catholicisme.*

APPENDICE

———

Le Pacifisme a aujourd'hui à son service plusieurs organes importants et des écrivains, sinon notables du moins très convaincus, qui le soutiennent et le propagent avec un véritable zèle d'apôtres. Dans tous les pays des revues paraissent, hebdomadaires ou mensuelles, qui entretiennent l'idée et l'enfoncent de plus en plus profondément dans les cerveaux.

En France, nous avons le *Bulletin de la Société Gratry*, revue catholique ; la *Paix par le Droit*, revue protestante. Il existe même un journal pacifiste rédigé en Espéranto : *Espero pacifista*.

Nous possédons au surplus une *École de la Paix*, fondée en 1905 par M. H. Thivet, — école dans laquelle profes-

sent des hommes de confessions diffé-
rentes et de tendances philosophiques
diverses, mais tous animés du même
esprit.

Il y a un *Almanach de la Paix* en
France, et un *Almanach Pro Pace,* en
Italie, et quant aux brochures et aux
livres, ils forment une bibliothèque et le
catalogue en est presque infini — déjà...

Des Sociétés se sont constituées un
peu partout pour unir les volontés pacifistes : *Union interparlementaire ; Groupe
d'arbitrage international ; Pan-Ameri-
can Association for Peace and Arbitra-
tion,* en Amérique ; la *Peace Society,*
en Angleterre ; la *Ligue néerlandaise*
VREDE DOAR RECHT ; le *Bureau international de la Paix ;* des groupes et des sec-
tions aux noms divers, et par dessus tout
la célèbre *Conférence de La Haye.*

Des Congrès se réunissent de temps
à autre dans les grandes villes des diffé-
rents pays, sous des présidences illus-

tres, tel le *Congrès national* de Reims,
en 1909, où l'on fit visite aux plus grandes caves et aux meilleurs crus de vins
de Champagne, car « à qui porterait-on
un toast avec une coupe de Champagne,
sinon à la Paix ? » (1)

Des fêtes sont organisées où l'*Hymne
à la Paix*, chœur de Riga, est chanté
« par de charmantes jeunes filles revê-
tues de toilettes blanches, et portant
toutes au corsage, une branche d'oli-
lier. » (2) Telle la fête pacifiste d'Anvers,
en mars 1909.

Tous les apôtres du Pacifisme ont la
même idée, bien entendu : assurer la
paix du monde en supprimant la guerre
et faire régner enfin la fraternité entre
les nations. Noble programme, s'il en

(1) *La Paix par le Droit*, avril 1909. — En
1908, il y a eu un *Congrès national* à La
Rochelle, et un *Congrès international* à Londres.

(2) Ibid.

fut, et vraiment digne de rallier les meilleurs parmi les meilleurs.

On fera cependant plusieurs remar-
ques assez curieuses.

Première remarque : tous les prota-
gonistes de la paix sont républicains, à
peu d'exceptions près, et tous, visent à
établir dans toutes les nations le régime
de leur rêve. A les entendre, par essen-
ce, la République est pacifique et la
royauté, militariste et guerrière. Cette
affirmation se retrouve à chaque ligne
des écrits pacifistes. C'est le thème pré-
féré sur lequel on brode inlassablement ;
l'habituel sujet des périodes les plus élo-
quentes et des plus fulgurantes proso-
popées. Disons que les faits ne semblent
pas prouver ce postulat : depuis 1870,
les Républiques ont autant fait la guerre
que les monarchies et peut-être un peu
plus. La grande République américaine,
en particulier, s'est montrée aussi ardente au combat et aussi âpre à la curée

que les moins scrupuleux des porte-cou-
ronnes !

Une seconde remarque, c'est que beaucoup de nos pacifistes penchent délibéré-
ment vers l'antimilitarisme. On sent per-
cer, sous leurs protestations d'amour
pour les hommes, la haine du soldat et
plus particulièrement du chef. (1) Le
gouvernement français licencierait d'un
seul coup toute l'armée, ils applaudi-
raient des deux mains, sans se soucier
le moins du monde des conséquences
fatales d'une telle mesure, — l'invasion,
le démembrement, la perte de l'autono-
mie nationale et même de la liberté.

Il y a, dans la double tendance que
nous signalons un état d'esprit singulier

---

(1) *La Paix par le Droit, Le Peuple et la
paix*, par René Aubert. — Quelques pacifistes
attaquent aussi les capitalistes comme ayant
intérêt à la guerre. Sauf pour quelques industriels qui fabriquent les armements, cette asser-
tion à tendance socialiste paraît aussi bizarre
que peu fondée.

et qu'il sera bon de surveiller attentive-
ment, car on serait tenté de croire par-
fois que ce pacifisme à outrance est souf-
flé par l'étranger en vue de paralyser,
non seulement nos forces d'attaque, mais
nos forces de résistance et de défense
elles-mêmes.

Enfin, les amis de la Paix comptent
presque exclusivement sur la science
pour rendre toute lutte sanglante impossible entre les hommes. L'un d'eux, plus
sage, leur montre qu'ils se leurrent. « La
science, écrit-il, est une arme équivoque,
indifférente au bien ou au mal qu'elle
fait, et bienfaisante seulement entre les
mains des bienfaisants. Instrument de
richesse entre les mains du mineur, la
dynamite détruit cette même richesse entre les mains de l'anarchiste. Indispen-
sable au laboratoire du chimiste, l'al-
cool apporte au foyer de l'ouvrier la mi-
sère, la folie et la mort. » C'est l'évi-
dence même.

A part ces erreurs ou ces excès, on ne peut qu'approuver les efforts généreux qui sont tentés pour amener entre les peuples plus de cordialité et plus d'entente. Le Pacifisme bien compris est d'inspiration chrétienne. (1)

(1) Voici pour illustrer ce qui précède, un saisissant passage d'un discours de Jésus-Christ rapporté par S. Matthieu (ch. XVIII, vers. 15 à 17) :

« Si ton frère a péché contre toi, va et re-« prends-le entre toi et lui seul ; s'il t'écoute, « tu auras gagné ton frère.

« Mais, s'il ne t'écoute pas, prends avec toi « encore une ou deux personnes, afin que tout « soit confirmé par la parole de deux ou trois « témoins.

« Que s'il ne daigne pas les écouter, dis-le à « l'Église; et s'il ne daigne pas écouter l'Église, « regarde-le comme un païen et un péager. »

Il y a, dans ces versets, l'indication d'une série de procédés de réconciliation successifs :

1° Les explications personnelles ;

2° Les bons offices des tiers ;

3° La vérification des faits par voie d'enquête ;

4° La sentence d'une autorité tierce.

Et si ces procédés n'ont pas suffi, la sanction

L'Église, sans doute, interprète auto-
risée de l'Évangile, n'a jamais proscrit
la guerre de façon absolue. Elle sait qu'il
est des cas où la force est la seule garan-
tie du droit. Mais toujours elle a chéri,
recommandé et demandé la paix, de même qu'elle a toujours et de toutes ses forces haï, condamné et repoussé les guerres injustes.

Cette thèse est des plus faciles à établir ; sans compter les textes évangéli-
ques, les ouvrages des Pères et des écri-

---

suprême, c'est-à-dire la rupture de toutes relations avec le réfractaire.

Or cette gradation est exactement celle qu'on
retrouve dans la Convention de La Haye pour
le règlement des différends internationaux :

1° Les explications diplomatiques des Etats en
litige ;

2° La médiation des Puissances amies ;

3° L'appel aux commissions d'enquêtes ;

4° L'arbitrage proprement dit.

Et la sanction souveraine est la même : c'est
la rupture des relations diplomatiques avec
l'Etat qui repousse l'arbitrage.

On voit donc que l'œuvre principale de La
Haye n'est que du Christianisme démarqué.

vains catholiques de tous les siècles peuvent fournir d'innombrables et précieux témoignages. On pourra consulter aussi, avec le plus sérieux profit, le *Bulletin de la Société Gratry*, où les citations abondent.

SUR LE PACIFISME CHRÉTIEN
DE M. VANDERPOL
Secrétaire Général de la Société Gratry

« Le Pacifisme chrétien ? Mais c'est celui de *La Paix par le Droit*, celui de presque toutes les Sociétés de la Paix, celui que l'on pourrait appeler « le Pacifisme officiel des Congrès de la Paix. » L'idée d'une Paix universelle qui aurait pour bases, d'une part *la Justice*, d'autre part la *Fraternité des hommes*, est une idée essentiellement chrétienne ; et je crois que jamais l'Humanité ne se serait élevée jusqu'à elle, si elle n'avait préalablement entendu la parole de Celui

qui disait : « Bienheureux les doux!
« Bienheureux les Pacifiques! Bienheu-
« reux ceux qui ont faim et soif de la
« justice! » et qui a ordonné à ses disciples, lorsqu'ils adresseraient leurs priè-
res à Dieu, de l'appeler : *Notre Père*.

L'antiquité, elle aussi, avait songé à
supprimer la guerre : mais elle avait
pris pour base de son pacifisme, que l'on
pourrait appeler *le Pacifisme païen*,
l'idée d'une Nation prépondérante qui
exercerait sur les autres son autorité ou
son influence et leur *imposerait* la Paix.
C'était le Pacifisme des Romains : ce fut
aussi celui de Napoléon Ier, et ce nom
seul suffit pour montrer où peut conduire
la fausse idée du Pacifisme païen ; c'est
encore aujourd'hui celui de l'Empereur
d'Allemagne, et, hélas, de presque tous
les chrétiens — catholiques ou protes-
tants — allemands.

En rendant compte dans l'*Osservatore
cattolico*, du discours d'inauguration du

Congrès de Milan, dans lequel Frédéric
Passy avait exposé les principes direc-
teurs du Pacifisme, Dom Vercesi écri-
vait : « Comme croyants, nous retrou-
« vons, dans le fort courant pacifiste qui
« traverse le monde, comme un écho des
« cris d'amour de Jésus et du Sermon
« sur la Montagne, » et, en cela, il ne
faisait que constater une indiscutable
vérité.

Considérons en effet les principes du
Pacifisme, tels qu'ils sont exposés dans
les déclarations des Congrès ou dans
l'*Appel-Programme* de la *Paix par le
Droit* :

— La guerre est immorale, car elle
met indifféremment la force au service
de la Justice ou de l'Injustice. — Il n'y
a pas de droit du plus fort. — Il existe
une morale entre les Nations comme entre les Individus. — La Justice ne connaît pas de frontières et nul n'a le droit
d'être injuste, même en faveur de son

pays. — Les haines de races ne sont que des préjugés qu'il faut faire disparaître. — Tous les hommes sont frères et les peuples faibles ou inférieurs doivent être traités, par les peuples forts et civilisés, comme dans une famille les frères plus jeunes ou moins intelligents le sont par des frères aînés.

Un chrétien ne peut nier aucune de ces idées, bases du pacifisme actuel sans se mettre en contradiction avec la doctrine chrétienne, c'est-à-dire sans cesser d'être chrétien.

Mais alors, dira-t-on, comment se fait-il que le pacifisme ait, jusqu'à ce jour, rencontré si peu d'adhésions dans les milieux chrétiens et qu'il y ait provoqué si peu d'enthousiasme?

C'est qu'il y est — comme d'ailleurs, dans beaucoup d'autres milieux — peu connu, ou, ce qui est pire, qu'il y a été présenté sous le jour le plus faux. Les chrétiens devraient être, logiquement, les plus dévoués, les plus ardents de tous les pacifistes : car ils ont, pour adhérer aux principes du pacifisme et pour les propager, les mêmes motifs d'ordre philosophique, moral, social, économique, que les incroyants : mais de plus ils ont un motif d'ordre religieux : leur foi, leur Évangile et l'obligation, que leur impose le Christianisme, d'en être les apôtres. Leur religion, ils le savent, n'est pas établie seulement pour les individus, mais pour les Sociétés et les Nations, et l'idéal qu'elle poursuit est, par dessus tout, un idéal de Paix et d'Amour.

On peut aussi, parmi les causes qui expliquent — nous ne disons pas qui justifient — leur attitude, indiquer les deux suivantes :

1° Lorsqu'ils songent à la guerre, ils voient surtout en elle les devoirs qu'elle impose, les dévouements qu'elle réclame, les sacrifices qu'elle exige ; ils envisagent la question uniquement sous cette face qui leur cache toutes les autres ; par une singulière illusion d'optique, la guerre leur apparaît sous ce seul aspect : « Mourir pour la Patrie », et ils oublient totalement que le but de la guerre n'est pas de *mourir*, mais bien de *tuer* les autres.

2° Parmi les promoteurs du mouvement pacifiste actuel, il s'est rencontré à côté de quelques chrétiens, un assez grand nombre d'adversaires notoires du Christianisme : à cause de la personnalité de certains propagateurs des idées pacifistes, ils se sont défiés de ces idées, sans les approfondir, sans voir ce qu'elles renfermaient de chrétien, sans songer aussi, que beaucoup de ceux qui se disent leurs adversaires, sont, sans s'en rendre compte, imbus d'idées chrétiennes qu'ils ont puisées, par leur éducation, dans une société sursaturée de christianisme. Il en est résulté une situation des plus regrettables : ce sont les incroyants

qui défendent les idées conformes aux
préceptes et à la morale de l'Évangile
et les disciples du Christ qui semblent
les combattre ou tout au moins s'en dé-
sintéresser. De là un véritable scandale,
qui ne peut que nuire à la religion chrétienne, et le faire cesser est encore, pour
ceux qui veulent être véritablement chrétiens, un nouveau motif d'adhésion effec-
tive à la cause de la Paix. Il faut qu'ils
démontrent par leur action, la vitalité du
Christianisme, et, reprenant son antique
tradition, établissent non plus seulement
la Trêve, mais la Paix de Dieu.

Il est d'ailleurs incontestable qu'il
se produit depuis quelque temps un mouvement dans ce sens. Si le Congrès de
Londres a été marqué par des manifestations officielles inaccoutumées, il a également donné lieu à des manifestations
religieuses — catholiques et protestan-
tes — auxquelles on n'était pas habitué,
et qui, espérons-le, constituent un pré-

cédent. Notons aussi que trois Sociétés
de la Paix, composées principalement de
catholiques, se sont formées depuis un
an en France, en Suisse et en Espagne,
et que plusieurs autres sont en préparation dans divers pays : sans parler du
développement que prennent les Sociétés déjà existantes, telles que celles des
Quakers et des *Amis* qui sont les plus
anciennes de toutes, les *Sociétés chrétiennes de la Paix, etc.*

Il y a, d'autre part, à notre époque,
diverses considérations qui n'existaient
pas dans les siècles passés, et qui contri-
buent à rendre l'idée de la guerre de
moins en moins admissible pour ceux
qui prennent comme règle de leur vie
— et de celle des Nations — la morale
évangélique.

1° La violence ne peut être admise que
si elle est *l'unique moyen* d'éviter l'injustice : or, de nos jours, si l'arbitrage
n'est pas encore aussi généralisé qu'on

peut et qu'on doit le désirer, il est déjà
suffisamment entré dans les mœurs pour
constituer, *dans presque tous les cas,* un
moyen pratique de se faire rendre justice. Peut-on, dans ces conditions, en
conscience, admettre qu'au lieu d'y re-
courir, on emploie la violence ?

2° On s'accorde, généralement, à reconnaître que désormais les seuls motifs
des guerres seront des motifs d'ordre
économique. Comme l'a très justement
fait remarquer M. l'abbé Ford, dans un
sermon sur la Paix, prêché à Londres
à la veille du dernier Congrès, « les guer-
« res dont la menace est suspendue sur
« nos têtes ne sont pas des guerres fai-
« tes au nom de la Justice, ou ayant
« pour but d'atteindre ou de défendre
« quelque idéal élevé ; mais leur unique
« objet est d'assurer à une Nation ou à
« une autre une part plus grande dans
« les sources du bien-être ». Une guerre
qui a une telle cause peut-elle être con-

sidérée comme juste et légitime ? A-t-on
le droit de tuer des hommes pour un sem-
blable motif ?

Je suis absolument convaincu qu'il
suffira, pour amener à la cause de la
Paix le concours effectif de tous les vrais
chrétiens, d'attirer leur attention sur
toutes ces questions, de leur faire voir
ce que c'est que le Pacifisme : de leur
montrer qu'il n'est, ni l'antimilitarisme
qui sottement, déteste l'armée au lieu de
détester simplement la guerre, ni la doctrine de la non-résistance au mal, qui
refuse aux Nations le droit de légitime
défense ; d'insister aussi sur ce point,
que nous considérerions comme un crime
envers la patrie d'oublier les dures
nécessités de l'heure présente et de ne
pas être disposés à tous les sacrifices,
actuels et futurs, pour assurer la victoire
à la France, le jour où elle serait atta-
quée ; et un jour, on verra se produire *un
immense mouvement religieux* en faveur

de la Paix organisée ; la guerre sera sup-
primée — *en tant qu'institution* — et la
prophétie d'Isaïe sera réalisée : « Une
« nation ne portera plus les armes con-
« tre une autre, et *l'on n'apprendra plus*
« *la guerre.* »

Bulletin de la Société Gratry,
4ᵉ trimestre 1908.

AUTEURS

CITÉS DANS L'OUVRAGE

TABLE ANALYTIQUE

TABLE

1564